LES

MONARCHISTES,

LES RÉPUBLICAINS,

ET LES CONSTITUTIONNELS,

PAR UN ÉCOLIER.

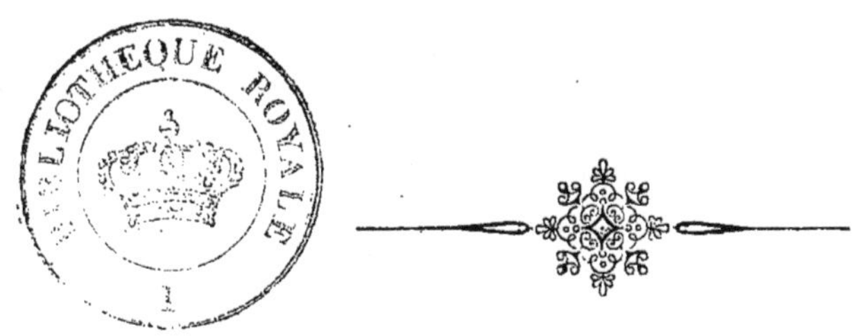

PARIS

IMPRIMERIE DE H. FOURNIER ET Cⁱᵉ,

RUE SAINT-BENOIT, 7.

10 janvier 1843.

LES MONARCHISTES,

LES RÉPUBLICAINS,

ET LES CONSTITUTIONNELS.

A l'occasion du discours prononcé hier par le roi, il est merveilleux de voir avec quelle outrecuidance les journaux qui se disent les organes du ministère lui font honneur de tout le bien qui se fait. C'est aux feuilles de l'opinion contraire à soulever cette brillante écorce et à montrer les vides qu'elle recouvre. Dans ce débat auquel nous sommes étranger, nous nous contenterons de dire que, selon nous, la plus belle part de ce bien appartient au souverain. Nous aurions cru que cette situation *si favorable* aurait inspiré à ces journaux des sentiments plus modérés. C'est tout le contraire, et soit crainte, soit colère, nous apercevons chez eux une persistance à vouloir catégoriser plus profondément les nuances de l'opinion, comme on le faisait sous la restauration. La reproduction des mêmes causes amenant habituellement les mêmes résultats, nous prions qu'on nous permette de quitter un instant Salluste et Quinte-Curce pour tracer rapidement une légère esquisse de la manière dont nous considérons les partis hors des Chambres.

Vous dites que, dans l'opinion de Montaigne, les *escrivailleurs* perdaient la France. Le temps a prouvé le contraire, et tout *escolier* que nous sommes, nous oserons dire avec votre auteur à ceux qui comme vous veulent arrêter le progrès : *Ils sont entraînés à reculons.*

Les deux principes qui, depuis l'origine des sociétés, ont constamment divisé les hommes, et dont l'un s'appelle le *monarchisme* et l'autre la *démocratie*, sont encore aussi vivaces qu'à aucune autre époque de l'histoire. Le principe monarchique veut dominer en tout sans jamais être contredit; sa nature le porte invinciblement à créer des priviléges qui sont ses principaux moyens de durée : c'est le système des *castes*. Pour le philosophe pratique, c'est le dévouement du chef en faveur de la famille. Les matérialistes, les hommes à systèmes trop absolus, à tendances féodales, sont tous partisans de cette forme de gouvernement.

La démocratie part d'un principe opposé. Les philosophes, les hommes d'imagination, les grands philanthropes, tous ceux qui vivent de souffrances et de privations, penchent vers ce dernier principe.

De ces deux principes, lequel est le plus applicable au gouvernement des sociétés?

Considéré d'une manière abstraite, il semblerait que l'autorité d'un seul, autour duquel se groupent d'autres autorités subalternes, représente plus de force, de régularité, de grandeur. Les défenseurs de ce système qui succombe partout s'appellent *monarchistes purs;* ils sont très-nombreux en France, et se nommaient naguère conservateurs, et ne veulent de démocratie nulle part. Nous croyons qu'il n'y en a pas à la Chambre. Comme les extrêmes se touchent, le principe opposé, la *démocratie pure*, arrive précisément à produire les résultats reprochés à la *monarchie pure*.

Quant à leur effet sur le bonheur des hommes en général, l'histoire ne nous dit point que l'un vaille mieux que l'autre. Nous ne pouvons cependant nous empêcher de reconnaître que les seuls peuples qui aient un nom, les seuls qui nous aient légué la vie intellectuelle, la civilisation, étaient régis par des institutions républicaines : ce sont les républiques théocratiques des Éthiopiens, des Hébreux, des Grecs et des Romains. Toutes ont péri dès que le principe monarchique a voulu remplacer la république; parce que, la *monarchie pure* absorbant en soi toute individualité, elle éteint jusqu'à l'amour de l'indépendance, de la patrie. Aussi la conquête des états où règne un roi absolu est-elle facile. Il n'y a qu'à marcher sur sa capitale. Fénelon disait que les peuples les plus heureux n'avaient pas d'histoire; autant dire, avec Élisée, qu'il vaudrait mieux que l'homme ne fût pas né. Mais cela n'est pas exact et ne peut s'entendre que de ceux qui *végètent* sous l'absolutisme. Qu'est-ce qu'un peuple qui n'a pas d'histoire? c'est un être qui n'a pas de nom et dont l'existence est nulle pour le genre humain. Tout peuple qui n'a pas d'histoire était irrégulièrement constitué ou étouffé sous le joug de plomb de l'absolutisme. Quelle que soit la forme qui régisse les sociétés à venir, elle n'obtiendra jamais l'assentiment universel. Dans notre société actuelle, il n'y a donc rien de changé au fond, mais la forme s'est modifiée, et maintenant nous voyons régner cet état d'éclectisme appelé *juste-milieu*. C'est la forme de gouvernement appropriée au plus grand nombre, et qui approche le plus de la perfection.

C'est cette forme perfectionnée que les deux partis extrêmes cherchent à détruire. Les plus dangereux ne sont pas les *démocrates purs*, car leurs prétentions hautement avouées conduisent forcément au communisme : il suit que tous ceux qui possèdent quelque chose repoussent cette forme de gouvernement. La prodigieuse division de la propriété s'opposera longtemps à l'établissement de la *république pure*, et le danger de notre société n'est pas là. Le péril viendrait donc des *monarchistes purs*. Lorsque le lion populaire frémissait encore, ils se nommaient *constitutionnels*, titre qu'ils ont répudié et qui n'a pas cessé d'appartenir à l'opposition modérée. Ces transformations sont écrites dans l'histoire de nos douze dernières années, et plus nous avançons dans le régime constitutionnel, plus il pénètre dans nos mœurs, plus ses ennemis font de tentatives pour le fausser et le détourner de sa voie. Tous leurs efforts ne réussiront pas, ainsi qu'ils ont pu s'en convaincre par les élections de 1842, dont le résultat est loin de répondre aux espérances des monarchistes purs. C'est la première fois depuis douze ans que le pays résiste au *ministère des élections ;* dans la Chambre nouvelle, l'Opposition se montre aussi nombreuse et plus puissante que jamais. Le ministère ne peut disposer que de la moitié plus un quart des voix. Dans les votes de haute importance et qui intéressent gravement le pays, le complément de la majorité ministérielle se compose invariablement des légitimistes avoués ou secrets, si tant est qu'il y en ait. Hors des questions de premier ordre, on les voit se ranger du côté de l'opposition pour contrarier les ministres. De là ces revirements de majorité qui, presque à chaque session, viennent troubler leur quiétude et déjouer leurs calculs.

Dans le ressentiment qu'ils éprouvaient de leur échec, les *monarchistes purs* s'écrièrent qu'ils désiraient ne voir désormais qu'une grande Opposition ; ce désir, dont certes ils redoutaient la réalisation, était un reproche indirect adressé à plusieurs des hommes honorables qu'ils appellent leurs amis dans la Chambre. Nous aussi, nous désirons qu'il n'y ait qu'une grande Opposition constitutionnelle ; il y a plus, nous espérons même qu'avant peu elle dirigera les affaires du pays. En réalité, il n'y a que deux grands partis dans la Chambre, et il est fort heureux que l'Opposition de la dernière Chambre soit revenue imposante, car les *monarchistes purs* auraient pu exciter les ministres et la majorité à entrer dans des voies dangereuses de restauration. Jusqu'ici la majorité dans les Chambres n'a sanctionné que des votes empreints de sagesse et basés sur l'expérience. Depuis douze ans, la majorité ministérielle suit le système de Périer, modifié par M. Guizot, mais non point modifié selon les vues du premier, ce qui fait qu'un bon nombre se méfie des doctrines politiques de M. Guizot, comme l'a prouvé le vote le plus important de la dernière session.

Les *monarchistes purs* ont demandé les premiers qu'il n'y ait plus qu'une seule Opposition. Cette provocation prouve qu'ils étaient plus qu'inquiets sur le sort de ceux qu'à tort, peut-être, ils nomment leurs patrons. Ce cri d'alarme annonçait que les *monarchistes purs* croyaient voir approcher le terme des intrigues mises en jeu depuis douze ans comme moyen de gouvernement. Ce moyen consistait surtout à introduire des éléments de dislocation dans les grandes fractions constitutionnelles. L'histoire en serait curieuse et instructive ; on y verrait bien des consciences aux prises avec la cupidité, l'égoïsme et la faiblesse.

Le gouvernement constitutionnel reconnaît trois chefs : M. Molé, M. Guizot, M. Thiers ; tous trois remarquables à des titres divers et ayant travaillé à la fondation et à la consolidation de l'ordre actuel des choses.

M. Molé, le représentant de l'aristocratie, voudrait gouverner la nation pour elle-même, mais avec une prépondérance marquée en faveur du Haut Parlement. Cette idée a ses avantages. Excellent ministre d'un monarque absolu, mais éclairé, mais humain, son caractère aristocratique s'accommode mal de la tracasserie bourgeoisie. M. Molé voudrait toujours être secondé par des gens calmes et sincères ; il a raison, mais c'est un peu difficile. Malgré sa très-grande habileté, M. Molé ne peut parvenir à tenir un juste milieu entre ses deux concurrens. A l'extérieur il est forcé de se rapprocher des gouvernements du continent qui l'ont toujours vu d'un œil favorable, tandis qu'à l'intérieur ses actes tiennent de la manière de M. Thiers, dont il se rapproche en ce qu'il est un peu de l'école impériale à laquelle M. Thiers se fait gloire d'appartenir dans ce qu'elle a de noble et de glorieux. M. Molé se garderait bien de résister à la manifestation des majorités. M. Molé veut sincèrement aussi le gouvernement parlementaire ; mais il veut que l'aristocratie ralliée marche d'un pas égal avec l'aristocratie révolutionnaire pour en imposer à l'aristocratie ancienne. Il aimerait à voir briller dans notre diplomatie les noms les plus illustres des deux aristocraties : c'était aussi le système de Napoléon, auquel on reviendra avec raison. M. Molé, formé à la grande école des hommes d'État de l'Empire, en a toutes les qualités : pourquoi M. Molé n'est-il pas ministre ?

M. Guizot. D'où viennent toutes ces clameurs dont on accable M. Guizot ?

trahit-il son pays? ou ses actes ne sont-ils que des erreurs? Dans le premier cas il faudrait l'accuser en forme et non l'injurier. Dans le second cas il faut discuter sincèrement. Nous déplorons plus que personne la voie dans laquelle les écrivains français sont entrés depuis quelques années : sous le prétexte d'exciter le ridicule par des sarcasmes, on ne rencontre plus dans leurs écrits la moindre trace d'urbanité envers leurs adversaires. Eh quoi! l'on attaque M. Guizot comme étant le séide de l'Angleterre, et l'on se sert d'un torrent d'injures, de ce sel grossier emprunté aux pamphlétaires d'outre-Manche. Il est vrai de dire que la plupart des organes des *monarchistes purs* ont les premiers donné l'exemple à l'endroit de M. Thiers.

La forme dédaigneuse, quoique polie, de M. Guizot l'empêchera toujours d'être populaire dans l'acception politique de ce mot; il est vrai qu'il s'en soucie fort peu. Il a profondément blessé la jeune génération dans plusieurs de ses discours où il se fait gloire d'une résistance qui le brisera. La force de ce ministre ne vient pas de lui seul, mais c'est un robuste lutteur. Toutefois, et malgré ses velléités de retour en arrière, ce n'est pas une raison de le traîner aux gémonies; le jeu régulier de notre constitution et une unité soutenue de l'Opposition suffira pour le forcer ou à se retirer ou à renoncer à son système.

A la tribune, les formes élevées de cet homme d'État ne peuvent déguiser une volonté impérieuse, tenace, et qui blesse bien des sympathies secrètes. Fait pour être le ministre dirigeant d'une royauté absolue, les allures d'un état constitutionnel le gênent sans cesse. Est-ce pour cela que les organes des *monarchistes purs* font tant d'efforts pour le maintenir au pouvoir. C'est une faute. Le système gouvernemental de M. Guizot, régulièrement développé, conduit inévitablement au despotisme. Avec un pareil système et peut-être malgré son auteur, il ne faudrait pas dix ans pour voir une révision radicale des lois sur la pairie, sur la presse, sur le jury. On en reviendrait aux épurations de la restauration, le tout en faveur de la plus grande extension du pouvoir royal. Telles sont quelques-unes des conséquences qui découlent fatalement des doctrines de M. Guizot.

Dans les discussions qui eurent lieu à l'occasion du malencontreux traité sur le droit de visite, on a souvent accusé M. Guizot de n'avoir pas assez tenu compte des droits de la Chambre. Il faut convenir qu'à la Chambre même certains aveux ont donné du poids à cette accusation. La dissolution de la Chambre provoquée par les *monarchistes purs* est en partie le résultat du vote sur la proposition de M. J. Lefèbvre. Mais cette dissolution a trompé bien des calculs, et tous les députés, ou presque tous, ont été confirmés dans leur mandat. Quelle que soit l'opinion individuelle de chacun des élus sur certaines questions, ils ont la confiance du pays. Est-ce que le pays, c'est-à-dire tout le monde, aurait raison contre M. Guizot? C'est donc un véritable échec pour le ministère du 29 octobre qui n'attendra pas sans doute une nouvelle manifestation parlementaire. Dans les gouvernements constitutionnels il est d'usage qu'un ministère se retire lorsque la majorité l'abandonne ou qu'elle le repousse. En restant au pouvoir après la proposition de M. J. Lefebvre, le ministère blessait la juste susceptibilité de nos législateurs. Nous avons vu naguère les Chambres belges retirer leur confiance aux ministres de leur pays sans que ceux-ci aient songé le moins du monde à se retirer, ni même à dissoudre : les ministres ont cédé et ils sont restés. Mais la France n'est pas la Belgique, et d'un autre côté nul ministre chez nous n'oserait agir de la sorte sans perdre la confiance des députés. Ce serait leur appliquer une doctrine d'écoliers qui blesserait trop leur honneur et surtout leurs droits. Que MM. les députés y fassent bien attention : si l'exercice de leurs droits ne consiste pas seulement à faire ou défaire des ministres, il n'est pas moins certain que ces derniers sont, avant tout, dépendants de la Chambre des députés. Telle est la nature des pouvoirs de celle-ci, qu'elle est immédiatement le pays.

Le ministère avait donc à choisir : se retirer ou dissoudre la Chambre, ce qui était dans son droit. Reste maintenant à savoir ce que fera la nouvelle Chambre, formée presque exactement des élémens de la précédente. D'après les manifestations qui viennent d'avoir lieu dans les différentes classes élevées de l'industrie et du commerce, nous sommes autorisé à penser que le pays désapprouve la marche suivie généralement par le ministère actuel dans tous ses essais de traités avec les puissances étrangères. Cette disposition ne peut manquer de réagir sur la Chambre d'une manière tout à fait défavorable au ministère. Dans le cas d'une manifestation hostile de la nouvelle chambre aux projets de M. Guizot, nous sommes persuadé qu'il se soumettrait à cette décision ; car la résistance systématique aux avertissemens des Chambres indiquerait une tentative contre-révolutionnaire qui aurait des conséquences désastreuses pour le principe monarchique. En France, l'esprit public comprend à demi-mot et saisit bien vite la portée des faits. Nous avons donc la conviction que la Chambre ne se laisserait pas suicider, de même que nous avons la plus grande confiance dans les gages de dévouement que M. Guizot a donnés à l'établissement constitutionnel fondé par la révolution de juillet. Nous aimons à le répéter, nous ne croyons M. Guizot ni un traître envers son pays ni envers nos institutions ; mais comme il porte dans ses actes la tendance que l'on remarque dans ses écrits, et qu'il pousse trop loin les conséquences de ses doctrines en voulant immobiliser le mouvement, nous les considérons comme très-dangereuses pour le repos de la France.

M. Thiers. Quel homme d'état a jamais bu un calice aussi amer? Jamais ministre fut-il autant abreuvé de calomnies et aussi constamment par les ennemis secrets ou avoués de la monarchie constitutionnelle et par les partisans du despotisme? Savez-vous pourquoi? C'est que, dans ses écrits, dans ses discours, dans ses actes, M. Thiers est le plus brillant reflet du génie révolutionnaire et impérial dans ce que ces deux systèmes ont produit de grand, de national. Comme historien et dans un autre ordre, M. Thiers est l'égal de M. Guizot; il a sur lui l'avantage de représenter la société actuelle avec ses passions, ses regrets, ses espérances. Au contraire, M. Guizot est l'historien systématique de ce qui n'est plus, et il a le défaut de vouloir faire l'histoire à son image et ressemblance, et celui bien plus grand de vouloir l'appliquer à la société actuelle. M. Thiers suit l'impulsion de son génie révolutionnaire, et quand nous nous exprimons ainsi, nous ne prétendons pas dire que le génie de M. Thiers le pousse à entasser des ruines. Loin de là, M. Thiers est tout aussi organisateur que son antagoniste, et si cet ancien ministre étonne quelquefois par la hardiesse de ses entreprises, il ne surprend pas moins par la vigueur et la fermeté de ses moyens, non de résistance mais de répression. D'où vient que le public, ordinairement bon juge, est presque toujours disposé à *pardonner* à M. Thiers, tandis que M. Guizot a le malheur d'exciter un sentiment différent.

Il y a un fait positif, c'est que toutes les fois que M. Guizot a été appelé au ministère, ç'a été avec une certaine répugnance générale du public; toutes les fois aussi qu'un événement de haute importance ébranle vivement la fibre nationale, on se tourne instinctivement vers M. Thiers, au grand déplaisir de ses adversaires. M. Guizot est appelé au ministère, M. Thiers y entre par la force des choses et de ses idées.

En voulant appliquer à nos mœurs contemporaines des idées qui ont vécu avec d'autres mœurs, M. Guizot oublie que la révolution française est quelque chose de plus qu'une autre réforme. Nous ne voulons plus d'union antipathique. L'alliance hétérogène du génie catholique français avec le protestantisme anglais, si essentiellement contraire à nos intérêts de toutes sortes, l'exagération du matérialisme industriel comme moyen de gouvernement conduirait infailliblement notre royauté à sa ruine. M. Guizot, de l'école protestante des whigs inquiets, s'est toujours hautement déclaré opposé à toute école républicaine, et cependant nul ne travaille plus que lui dans l'intérêt de cette école. On a dit qu'il faudrait encore la sévérité et le génie d'un Richelieu ou d'un Napoléon pour comprimer les partis. Richelieu eut le tort de trop abaisser la grande aristocratie française au point qu'elle avait presque perdu toute dignité sous Louis XIV, autre grand despote. Qu'est-il advenu après le système de compression de ces illustres despotes, sinon une énorme réaction opposée à leur système. Nous maintenons que ces hommes célèbres, s'ils revenaient parmi nous, n'agiraient guère différemment de ce que nous voyons, à moins de provoquer de nouvelles secousses. Le monarque qui aujourd'hui préside à nos destinées a su parfaitement choisir le seul mode de gouvernement qui convienne à la société actuelle. Ce mérite lui appartient en propre et lui donnera l'une des plus belles places dans notre histoire nationale. Mais il est mortel, sa carrière déjà bien remplie d'actions et d'années, et si la Providence nous appelait avant peu à passer sous le gouvernement d'un régent, n'y a-t-il pas tout à craindre que sa main, quelque ferme qu'elle fût, ne puisse conduire le vaisseau de l'État à travers les écueils qui peuvent surgir tout à coup ? car on peut être instruit, actif; mais qui remplacera l'expérience consommée et la parfaite connaissance des hommes, que possède à un degré supérieur le roi actuel?

Le ministère du 29 octobre croit pouvoir tirer un argument en sa faveur du vote sur la loi de régence. Nous dirons en passant que nous ne voyons pas bien comment cette loi consolide la monarchie de juillet. Tout l'avenir de cette monarchie réside dans l'observation rigoureuse des priviléges qu'elle tient de la charte, et si elle essayait de sortir de ses limites, elle croulerait infailliblement comme toutes les autres. Mais il faut aussi que la France constitutionnelle lui prête un ferme et constant appui. La perte à jamais déplorable du prince royal a causé des regrets de plus d'une sorte. Les *monarchistes purs*, dans leurs projets secrets, ne désespéraient pas d'amener ce prince à quelque acte rétrograde.

Quant à nous, nous pensons que ce prince, le plus parfaitement élevé dont l'histoire fasse mention, était formé à trop bonne école pour commettre de ces imprudences qui compromettent le système monarchique qui nous régit. La justice que tous les partis lui ont rendue après sa mort prouve combien le prince royal avait l'intelligence de la réforme nouvelle, et dans ces derniers temps les *monarchistes purs* voyaient avec la plus vive jalousie ce prince se rapprocher des idées de M. Thiers. Nous ne croyons donc pas nous tromper en disant que M. Thiers eût été appelé à diriger le nouveau règne, et tout le monde a pu remarquer le redoublement de violences auxquelles il était en butte à l'époque où le prince royal l'appelait souvent auprès de lui,

Dans la discussion sur la loi de régence, tous les efforts des *monar-*

chistes purs ont eu pour but d'écarter un conseil de régence. Quoi de plus naturel que ce retour aux traditions passées? Leurs adversaires prétendaient, au contraire, que toutes les bases de la société étant radicalement changées par nos deux révolutions, c'est sous leur protection que le peuple français doit être appelé à concourir activement et perpétuellement à tout ce qui l'atteint dans ses intérêts les plus chers. Les ultrà-républicains voulaient aller plus loin; qu'ils se consolent, leur temps n'est pas venu. Toutefois, il est un fait universellement reconnu et qui doit modérer leur impatience; c'est que la révolution française a introduit les mœurs et même les formes républicaines dans le fond de la société européenne, et que ces idées y ont actuellement autant de force qu'en avait le christianisme quatre siècles après sa fondation. Ces idées, ces formes, ces mœurs, forment notre constitution actuelle; nous sommes en pleine république, le nom seul y manque. Tenter de les détruire est une chimère. Cependant les tentatives ne manqueront pas; c'est pour en atténuer les conséquences que les majorités constitutionnelles doivent placer à leur tête des gardiens capables, vigilants et éprouvés.

Après le vote sur la régence, les *monarchistes purs* voulurent donner le change à l'opinion, et tendre un piége à M. Thiers. Pendant qu'on lui prodiguait les plus perfides cajoleries, l'Opposition se trouva en butte aux mépris furieux de ses adversaires qui, dans la joie que leur causait le vote de M. Thiers, ne gardèrent pas même les mesures de simple politesse. Ceux qui passaient autrefois pour observer les convenances dans le langage, se laissèrent aller à de grossières injures. Il est vrai que leur colère était suffisamment motivée par les cent voix d'opposition, par les réserves de M. Thiers, et surtout par des symptômes alarmants de dislocation de la majorité. Tout cela avait singulièrement dérouté les calculs des *monarchistes purs*.

L'éclatante défection de M. de Lamartine peut fort bien donner la mesure de l'appui que le ministère actuel pourrait attendre de la majorité dont le désir de s'en séparer se manifeste de plus en plus. Aussi l'on peut dire que sans l'émotion du moment, et si les chefs et les organes de l'Opposition avaient dès l'abord attaqué la loi avec quelque ensemble, plus de cent soixante voix eussent protesté. Les *monarchistes purs* le savent bien, aussi n'ont-ils pu déguiser leurs soucis relativement à la question ministérielle que M. Thiers a hautement réservée. Voyez la puissance de cet homme d'État toutes les fois qu'il se rapproche, non du gouvernement, mais du ministère. Depuis l'existence du 29 octobre, une seule bonne chance s'est présentée par un triste hasard, il a tout fait pour se passer de M. Thiers, afin d'en recueillir tous les avantages, et voilà que M. Thiers en remporte presque tout l'honneur. Mais cet homme d'État a donc une bien grande valeur pour que l'on attache une telle importance à toutes ses démarches! Ah! c'est que toutes les fois que les bases du gouvernement ont eu besoin d'être raffermies, chacun de ses discours était un acte. A chaque occasion solennelle, il oubliait sa position de ministériel ou d'opposant pour prêter à l'État toute la puissance de son talent. Homme d'Opposition, sa présence à la tribune est toujours un événement, et chaque fois qu'il en descend, on est tenté de croire que les portes du ministère vont s'ouvrir devant lui; ici nous ne sommes que l'écho de l'opinion, et nous ne croyons pas que, depuis cinquante ans, aucun homme d'État français ait excité plus d'intérêt.

En principe, nous approuvons la loi de régence. Comme de toutes les modifications du pouvoir une régence est celle qui prête le plus de prise à l'esprit d'intrigue, on doit croire que les partis, dont aucun n'est satisfait, vont recommencer sur nouveaux frais. Mais ce désavantage d'une régence est amplement compensé par la facilité qu'elle donne au parti national de se consolider. Alors les passions politiques se donnent rendez-vous à la tribune d'où le pouvoir peut les surveiller à son aise, en assistant aux brillants combats qui s'y livrent. Cependant le caractère national et notre position ne doivent pas nous permettre une sécurité fondée sur des analogies. Les partisans de la monarchie pure et les ultrà-républicains sont constamment à l'œuvre chez nous, et longtemps encore notre constitution aura besoin de défenseurs habiles et dévoués pour paralyser leurs efforts.

Les circonstances actuelles viennent à l'appui de plusieurs de nos assertions. M. Guizot croyait être sûr de la majorité dans la dernière Chambre; il s'est mis à l'œuvre; en apparence, il gouvernait ou croyait gouverner dans le sens de cette majorité, et elle lui échappe. Il a voulu lui donner un correctif, et elle est reparue exactement la même. La Chambre nouvelle, que le ministère se promettait de modifier profondément, a été réélue sous l'empire d'un sentiment impérieux. Le sentiment national, mis aux pieds de l'Anglais, s'est réveillé plein d'indignation, et ce fut en vain que le ministère essaya de donner le change à l'opinion publique, en répandant le bruit qu'il voulait modifier les conventions de 1831-1833. Ces traités ne peuvent être modifiés que par leurs auteurs dans le sens de leurs vues primitives.

Nous aimons à revenir sur les dernières élections. Le ministère, qui possède tous les moyens de les influencer, a fait des efforts inouïs; mais nous ne voulons pas dire qu'il ait eu recours à des moyens que réprouve la morale politique, bien que nous croyions que dans plusieurs localités ses partisans aient dépassé ses intentions. Nous sommes loin de faire à M. Guizot l'injure de le comparer à cette foule d'ambitieux secondaires qui, dans un ministère, ne tiendraient guère que l'emploi de comparses. Ces intelligences inférieures sont incapables de conduire une idée jusqu'à son but. Mais M. Guizot a un système mûri depuis longtemps et poursuivi à travers toutes sortes de vicissitudes. Ce système, nous avons dit qu'il conduit forcément à une contre-révolution et tend à réduire notre glorieuse révolution de juillet à une simple *révolution de palais*. Nous ne saurions le proclamer trop haut, nous sommes infestés d'un mauvais levain de *restauration*. Jadis constitutionnels, puis conservateurs, maintenant *monarchistes purs*, fasse le ciel que l'esprit d'aveuglement ne les pousse pas une quatrième fois en face d'une dernière et terrible conclusion! Au reste, la position choisie par M. Thiers, sa conduite dans la loi de régence, est une conduite toute d'avenir. Nous ne ravalerons pas la lutte de deux hommes célèbres à un vain combat de portefeuille; nous en rougirions; car la lutte a un mobile plus élevé. Il s'agit pour les doctrinaires de ramener la *monarchie* aux formes indépendantes qu'elle avait avant nos révolutions. Pour M. Thiers, il la veut forte et indépendante aussi, mais débarrassée de cet humiliant despotisme que toute la gloire de Louis XIV, ou plutôt celle de son siècle, n'a pu couvrir; il la veut plus active que la royauté anglaise, mais avant tout M. Thiers veut le gouvernement parlementaire. Et comme la minorité du futur roi donne au moins quinze ans pour la consolider, M. Thiers a fait preuve d'un discernement supérieur, et, par cela seul, prouve qu'il connaît mieux la société actuelle que ses adversaires.

Les *monarchistes purs* étaient impatients et bien inquiets de l'attitude que prendrait M. Thiers dans l'importante discussion sur la loi de régence. En défendant cette loi, M. Thiers a fortement ébranlé le ministère actuel; en répudiant solennellement les républicains, il a prouvé qu'il connaissait son époque et rassuré l'immense majorité constitutionnelle. Son discours a une portée au moins égale au fameux discours qui lui ouvrit les portes du 1ᵉʳ mars. Nous ne savons si l'on a bien saisi la portée des paroles de M. Thiers, lorsque, discutant la loi de régence, il a dit que la Charte suffisait et qu'on ne devait point y toucher. *Toute la Charte, rien que la Charte,* voilà le palladium de nos libertés, et ce sera un jour aussi le palladium des libertés européennes. Tant pis pour ceux qui ne sont pas de ce sage avis. M. Thiers est donc *conservateur* au point de vue de nos dernières conquêtes; mais il ne veut point être stationnaire et prétend gouverner avec tout ce qu'il y a de force et d'intelligence dans les différentes classes de la nation. Il veut de plus imprimer à la France un mouvement ascendant décidé dans les affaires du monde. M. Thiers n'a pas, comme ses adversaires, le désavantage d'être obligé de masquer ses projets; il les déclare hardiment.

On fait à M. Thiers trois griefs qui, selon nous, doivent lui mériter la reconnaissance de tous les Français sincèrement attachés à la gloire et à la puissance de la patrie.

On lui reproche premièrement son vote sur la pairie. En abolissant l'hérédité des pairs, la démocratie nouvelle a porté le dernier coup à l'ancienne aristocratie; c'est la consécration d'une immense ruine. Maintenant il s'agit de réorganiser la France nouvelle sur de nouvelles bases, et c'est là surtout que portait le vote de M. Thiers. Dans la discussion sur la loi de l'hérédité, loi qui excite les pleurs hypocrites des *monarchistes purs*, nul parmi l'opposition n'a lutté avec plus de chaleur en faveur de ce grand principe de l'hérédité, parce que M. Thiers pense avec raison qu'un pays si haut placé parmi les autres nations ne saurait se passer d'aucune de ces fortes garanties nécessaires, essentielles même à sa stabilité.

Les lois de septembre! Quand la Chambre des députés eut voté l'abolition de l'hérédité des pairs, Lafayette se leva pour dire qu'il se félicitait d'avoir vu tomber le dernier rempart de l'aristocratie en Europe. Lors du vote sur les lois de septembre les *monarchistes purs* éprouvèrent presque une joie pareille, et le considérèrent comme une première victoire remportée sur la démocratie. Ici il y avait confusion; en les appuyant, M. Thiers n'eut d'autre vue que de mettre un frein aux mauvaises passions de tous les partis. Il était temps certainement, car tandis que certains regrettaient tout haut le despotisme d'un seul, d'autres nous conduisaient à toutes voiles au *communisme*. Le despotisme royal n'a plus de chance de durée nulle part; en Russie même il se montre disposé à abdiquer en faveur de l'unité nationale. Quant aux communistes, que ne vont-ils essayer leurs utopies sur une vaste échelle? Les déserts de l'Asie, de l'Afrique, de l'Amérique, leur sont ouverts, leurs vertus matérielles pourront s'y donner carrière. Au reste, nous sommes convaincus que les adversaires des lois de septembre ne se feraient pas faute de leur utilité dans l'occasion.

Restent les fortifications. C'est ici la tour de Babel des partis. Au premier bruit de l'affront fait à la France par le traité du 15 juillet concernant les affaires turco-égyptiennes, tout le monde sans exception poussa des cris d'indignation et demanda des représailles quelconques. Des représailles? Eh! mais c'était assez embarrassant, car l'affront nous venant de l'Angleterre, de l'Autriche, de la Russie, de la Prusse, de la Turquie, il fallait, si l'on voulait se venger à la française, il fallait, disons-nous, des moyens énormes. Il fallait huit cent mille soldats, deux mille canons, cinquante vaisseaux, et Paris mis en état de résister un mois durant à quatre cent mille assiégeants. C'était le vœu général. M. Thiers était alors à la tête du ministère; il a répondu autant qu'il était en lui à ce vœu *généralement exprimé.* Dès qu'on a vu la faiblesse, disons plus, l'impuissance de l'Europe entière à édifier quelque chose sans la nation française, on voulut en rire comme on rit de tout en France. Félicitons le gouvernement et les Chambres de n'avoir point entièrement ri, et d'avoir compris le côté sérieux offert par la démonstration maladroite des gouvernements européens. Quoi qu'il en soit, fort du concert unanime que présentait la France à l'époque de ce fameux et ridicule traité, M. Thiers put bien saisir cette occasion de réaliser la plus grande pensée qui put faire battre une âme patriote, celle de rendre inexpugnable le cœur de la France.

En écrivant l'histoire de la révolution française, cet homme d'État avait été fortement préoccupé de la lutte que la nation française a constamment soutenue à toutes les époques de notre histoire. Depuis les temps les plus reculés, notre patrie a toujours excité l'envie des peuples voisins, et la presque totalité des guerres que nous avons soutenues ont été faites dans l'intérêt de l'unité nationale. Du Nord au Midi, de l'Orient à l'Occident, nous sommes pressés par de grands peuples éternellement jaloux de notre supériorité, toujours disposés à s'en venger par les armes et à nous refuser les frontières qui nous manquent encore.

Lors du célèbre traité qui nous excluait des affaires d'Orient, M. Thiers y vit plus qu'un simple affront pour la France; il y vit une grave atteinte à nos intérêts et à la légitime prédominance d'une influence séculaire. Depuis le temps des croisades, la France a toujours exercé un protectorat en faveur de tous les chrétiens d'Orient, protectorat passé dans le droit commun et que personne ne nous avait encore contesté. M. Thiers avait donc raison de se montrer prêt à le soutenir contre l'Angleterre qui voulait nous le ravir. Il est hors de doute que d'une manière ou d'autre cette puissance voulait établir sa domination en Syrie, et que cet événement devait coïncider avec la réussite présumée de ses projets sur l'Afghanistan. La Russie n'avait certes pas intérêt à rapprocher, à lier ainsi les deux empires anglais, aussi s'est-elle abstenue d'y coopérer matériellement. L'Autriche, dont le concours a été si ridicule, visait au protectorat religieux et elle n'a servi que les intérêts de l'Angleterre. Le ministère actuel se préoccupe aussi trop peu des tendances religieuses des divers gouvernements de l'Europe. M. Thiers avait reconnu depuis longtemps que le protestantisme anglais cherchait à se substituer au catholicisme en Espagne, aussi bien qu'à Naples et en Syrie. La France, protectrice naturelle du catholicisme, ne doit pas permettre cet envahissement, au moins chez les nations de souche gallo-romaine. Rome, première puissance religieuse, et la France, première puissance politique, se doivent prêter un mutuel appui. Quoi qu'on fasse, on ne saurait empêcher que M. Thiers n'ait eu la part la plus brillante dans tous les actes qui ont signalé jusqu'à ce jour l'établissement de la dynastie de juillet. Nous regrettons la divergence d'opinions qui s'est manifestée à son égard lors de la loi de régence. Si nous n'avions pas la presque certitude que le ministère ne saurait avoir une majorité vraiment digne de ce nom, nous conjurerions l'Opposition entière de ne plus se morceler en partis microscopiques, mais de ne former qu'une Opposition unique, formidable par son nombre et par un esprit de suite dans son but. Il ne tient qu'à elle d'arriver au pouvoir avant peu et de s'y maintenir jusqu'à l'affaiblissement complet des ennemis de nos institutions nouvelles. Qu'elle se pénètre bien que l'union fait la force et que tout labeur n'est pas fini. Nous terminons en disant que, pour notre part, nous n'admettons pas les dénominations au moyen desquelles on prétend classer les députés qui, selon nous, sont tous constitutionnels.

Eugène HUMBERD,
Élève de quatrième.

10 *janvier* 1843.

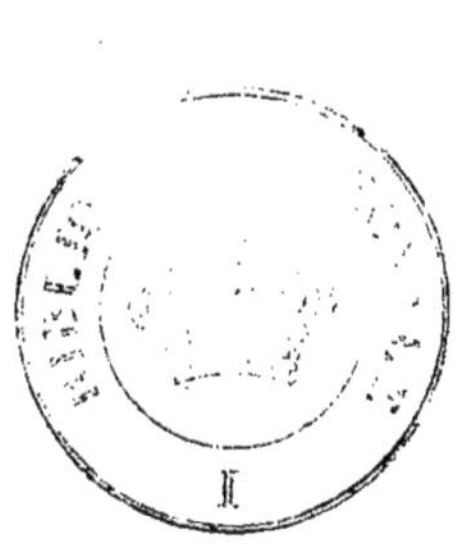